KB205410

그리스도인의 삶
성경공부

강 효 민 _{지음}

새 삶 전 도 협 회

그리스도인의 삶 성경공부

지 은 이 | 강효민

펴 낸 날 | 2018년 10월 18일

펴 낸 곳 | 새삶전도협회

출판등록 | 제 25100-2007-26호

주　　소 | 경기 남양주시 다산순환로 300, 2103-2103

전　　화 | 031-574-0135

팩　　스 | 070-8836-9291

■ ISBN | 978-89-6961-013-3

■ 정　가 | 3,500원

지은이 **강 효 민**

새삶침례교회(www.newlifebc.or.kr) 담임목사, 새삶전도협회 대표

미국 바이올라대학교 탈봇신학대학원 졸업(목회학 석사·박사)

저서 「복음의 능력」, 「말하지 아니할 수 없습니다」, 「요한계시록이 보인다」, 「성령이 임하시면」,
「성경과 종말」, 「새가족 성경공부」, 「야고보서 성경공부」 등

교재를 내며

그리스도인의 삶과 관련해서 그리스도인이라면 꼭 알아야 할 주제를 선정해서 성경공부 교재를 만들어야겠다는 생각은 꽤 오래전부터 했습니다. 목회가 바쁘다는 이유로 차일피일 미루다가, 어떤 주제로 교재를 채울까 생각하고 생각하다가 그리스도인이라면 꼭 알아야 할 10가지 주제를 선택해서 이 교재를 내놓게 되었습니다.

몸이 건강하려면 기본적으로 뼈대가 튼튼해야 하듯이 그리스도인으로 올바르게 살아가기 위해서는 기본이 바로 서 있어야 합니다. 이 교재를 통해 그런 기본을 튼튼히 다지고 모든 문제에 대해 그리스도인으로서 흔들림 없이 정진하시는 여러분이 되었으면 합니다.

이 교재를 사용할 모든 분들에게 하나님의 은혜와 평강이 충만하게 임하시기를 기도합니다.

2018년 10월

강 효 민

순 서

1. 주일예배에 대하여

1. 그리스도인들은 언제부터 주일(일요일)에 예배를 드리게 되었을까요?

2. 예수님은 무슨 요일에 부활하셨으며, 부활하신 예수님이 한 장소에 모여 있던 제자들에게 나타나신 날은 무슨 요일이었는지 요한복음 20장 1절과 19절을 읽고 말씀해 보세요.

3. 부활하신 예수님이 한 장소에 모여 있던 제자들에게 두 번째로 나타나신 날은 무슨 요일이었을까요? 요한복음 20장 26절을 읽고 말씀해 보세요.

※ '여드레'는 8일이지만 '안식 후 첫날'부터 다음 '안식 후 첫날'까지의 8일 즉 1주일을 의미합니다.

4. 사도행전 2장에는 한 자리에 모여 있던 그리스도인들에게 성령이 임하신 사건이 기록되어 있습니다. 그날은 오순절이었는데 오순절은 무슨 요일일까요?

※ 오순절은 '칠칠절' 이라고도 하는데 일곱 안식일이 지난 다음 날입니다(레 23:15-16).

5. 사도 바울 당시에는 그리스도인들이 무슨 요일에 모였는지 아래의 성경구절을 읽고 말씀해 보세요.

* 행 20:7

* 고전 16:2

6. 주일(일요일)에 모이는 전통은 초대 교회 시절부터 시작되었습니다. 주일에 모여서 그들은 무엇을 했을까요? 모이게 된 가장 큰 이유가 무엇일까요?

7. 주일예배를 통해 얻을 수 있는 것에는 무엇이 있을까요? 요한복음 20장 19-21절을 참고하여 말씀해 보세요.

8. 다른 제자들과 한 자리에 없음으로 부활하신 예수님을 만나지 못한 도마는 예수님의 부활을 의심했고(요 20:24-25), 예수님으로부터 책망을 들어야 했습니다(요 20:26-27). 오늘날에도 주일예배를 폐하다 보면 어떤 일이 일어날까요?

9. 밧모 섬에 유배된 사도 요한은 '주의 날'(일요일)에 어떤 경험을 했는지 요한계시록 1장 9-11절을 읽고 말씀해 보세요.

10. 하나님께서 안식일을 만드시고(창 2:1-3), 지키라고(출 20:8-11) 하신 이유는 무엇일까요? 레위기 23장 3절을 참고하여 말씀해 보세요.

11. 히브리서 10장 25절을 쓰고 암송하세요.

12. 오늘 공부를 통해 당신은 주일예배에 대해 무엇을 배웠습니까?

2. 전도에 대하여

1. 예수님은 자신이 세상에 온 목적에 대해 무엇이라고 하셨습니까? 마가복음 1장 38절을 읽고 말씀해 보세요.

2. 예수님께서 제자들에게 남긴 마지막 명령은 무엇입니까?(막 16:15)

3. 예수님께서 교회에게 명한 두 가지 의식도 전도와 관련이 있습니다. 두 가지
   의식이 무엇이며 전도와 어떻게 관련이 있는지 아래의 성경구절을 읽고 말
   씀해 보세요.

   * 마 28:19

   * 고전 11:26

4. 전도는 그리스도인의 사명이기도 하지만 특권이기도 합니다. 왜 그럴까요?

5. 성경을 보면 예수님을 만난 사람들은 주변 사람들에게 그들이 만난 예수님을 전한 것을 볼 수 있습니다(요 1:40-45, 4:28-29). 이것은 자연스럽고도 당연한 일입니다. 당신이 만난 예수님은 어떤 분입니까?

예수님을 믿고 나서 당신은 누구에게 제일 먼저 예수님을 전했습니까?

6. 전도는 성경을 잘 몰라도 할 수 있고, 말을 잘 못해도 할 수 있습니다. 요한복음 9장 24-25절을 읽고 어떻게 전도하면 좋겠는지 말씀해 보세요.

7. 빌립과 사마리아 여인은 어떤 말로 전도했는지 아래의 성경구절을 읽고 말씀해 보세요.

* 요 1:46

* 요 4:29

8. 하나님께서 원하는 것이 무엇인지 아래의 성경구절을 읽고 말씀해 보세요.

　* 딤전 2:4

　* 벧후 3:8-9

9. 아래의 성경구절을 읽고 사도 바울의 전도 열정에 대해 느낀 점을 말씀해 보세요.

　* 행 20:24, 21:12-13

　* 롬 9:1-3

10. 누군가를 전도하려면 누구를 전도할 것인지부터 정해야 합니다. 당신은
    누구를 전도하고 싶습니까? 생각나는 사람의 이름을 적어 보세요.

    당신이 전할 복음의 내용은 무엇입니까?

    어떻게 하면 사람들이 당신의 전도에 긍정적인 반응을 보일까요?
    말로 전도하기에 앞서 전도대상자의 마음 문을 열기 위해 해야 할 일은 없
    을까요?

3. 기도에 대하여

1. 기도에 대한 예수님의 약속은 무엇인지 아래의 성경구절을 읽고 말씀해 보
   세요.

   * 요 14:14

   * 요 16:23b-24

2. 기도는 어떤 마음자세로 해야 하는지 아래의 성경구절을 읽고 말씀해 보세요.

* 막 11:24

* 눅 18:1-8

3. 갈멜 산 위에서 비를 위하여 기도한 엘리야 선지자를 통해 당신은 무엇을 배울 수 있습니까?(왕상 18:41-45a)

4. 간절히 기도해도 들어주시지 않을 때가 있습니다. 어떤 경우에 안 들어주시
   는지 아래의 성경구절을 읽고 말씀해 보세요.

   * 약 4:3

   * 잠 28:9

   * 사 59:1-2

5. 예수님은 우리에게 좋은 기도의 본을 보여주셨습니다. 예수님의 기도생활을 통해 무엇을 배울 수 있는지 아래의 성경구절을 읽고 말씀해 보세요.

   * 막 1:35

   * 막 6:45-46

   * 눅 22:39-44

6. 제자들이 예수님에게 기도하는 법을 가르쳐달라고 했을 때 예수님은 소위 말하는 '주기도문'을 가르쳐주셨습니다(눅 11:1-4, 마 6:9-13). 주님께서 가르쳐주신 기도문에 의하면 우리의 기도에는 어떤 내용들이 포함되어야 합니까?

7. 데살로니가전서 5장 17절에는 "쉬지 말고 기도하라"는 말씀이 있는데 이 말씀의 의미는 무엇일까요?

8. 우리는 우리 자신을 위해서도 기도해야 하지만 다른 사람들을 위해서도 기도해야 합니다. 사도 바울은 어떤 내용으로 다른 사람들을 위해 기도했고, 어떤 내용의 기도부탁을 했는지 아래의 성경구절을 읽고 말씀해 보세요.

* 빌 1:9-11

* 골 4:3

* 살후 3:1-2

9. 기도 응답 받은 것 중에서 특별히 생각나는 것이 있으면 말씀해 보세요.

10. 요즘 당신의 가장 큰 기도제목은 무엇입니까?

4. 섬김과 봉사에 대하여

1. 교회는 그리스도의 몸이며 성도 한 사람 한 사람은 그리스도의 몸에 붙은
   지체입니다(고전 12:27). 한 몸에 붙은 지체는 서로에게 어떻게 해야 하는지
   고린도전서 12장 21-26절을 읽고 말씀해 보세요.

2. 하나님께서는 하나님의 자녀들에게 다양한 은사(선물, 재능)를 주셨습니다. 어떤 은사들을 주셨는지 아래의 성경구절을 읽고 말씀해 보세요.

   * 롬 12:6-8

   * 고전 12:8-11

3. 고린도전서 12장 8-11절에 나오는 대부분의 은사는 사도 시대에 있다가 사라진 은사들입니다. 무슨 근거로 그렇게 말할 수 있는지 아래의 성경구절을 읽고 말씀해 보세요.

   * 고후 12:12

   * 고전 13:8-10

   * 히 2:3-4

4. 성경에 나오지는 않지만 오늘날 성도들에게 주신 은사들 중에는 어떤 것들
   이 있을까요?

5. 하나님께서 하나님의 자녀들에게 다양한 은사를 주시는 이유가 무엇일까
   요? 아래의 성경구절을 읽고 말씀해 보세요.

   * 고전 12:4-7

   * 벧전 4:10

6. 은사를 가지고 교회와 성도를 섬길 때 주의해야 할 점도 있습니다. 어떤 점을 주의해야 하는지 아래의 성경구절을 읽고 말씀해 보세요.

  * 롬 12:3

  * 빌 2:3

7. 예수님께서도 섬김과 봉사에 있어 주의해야 할 점을 말씀하셨습니다. 그것이 무엇인지 마태복음 6장 1-4절을 읽고 말씀해 보세요.

8. 베드로전서 4장 9-11절은 섬김과 봉사에 대해 어떤 말씀을 하는지 읽고 말
   씀해 보세요.

9. 하나님께서는 각 사람으로 하여금 주님의 몸된 교회를 섬기도록 한 가지
   이상의 은사를 주셨습니다. 하나님께서 당신에게 주신 은사는 무엇이라고
   생각합니까?

   당신은 그 은사를 주님의 몸 된 교회를 위해 어떻게 사용하고 계십니까?(어
   떻게 사용할 생각입니까?)

5. 십일조에 대하여

1. 하나님의 은혜를 아는 사람은 하나님께 물질 드리는 것을 당연하게 생각합니다. 하나님께 드리는 물질 중에서 가장 기본이 되고 중요한 것은 십일조라 할 수 있습니다. 십일조에 대해 성경은 어떤 말씀을 하는지 말라기 3장 10절을 읽고 말씀해 보세요.

2. 십일조를 드리는 사람에게 하나님은 어떤 복을 주시는지 아래의 성경구절
을 읽고 말씀해 보세요.

* 말 3:11-12

* 잠 3:9-10

3. 십일조를 드리지 않는 것에 대해 하나님은 어떤 말씀을 하시는지 말라기 3
장 8절을 읽고 말씀해 보세요.

4. 하나님께 마땅히 드려야 할 것을 드리지 않으면 하나님은 어떻게 하실까요? 아래의 성경구절을 읽고 말씀해 보세요.

   * 말 3:9

   * 학 1:6

5. 십일조는 율법의 가르침이기 때문에 신약시대 성도들은 십일조를 할 필요가 없다고 생각하는 사람들이 있습니다. 과연 그럴까요? 십일조에 대해 예수님은 어떤 말씀을 하셨는지 누가복음 11장 42절을 읽고 말씀해 보세요.

6, 십일조는 하나님께서 모세를 통해 주신 율법이기 전에 모세 이전의 사람들이 자발적으로 시작한 것입니다. 모세 이전의 어떤 사람들이 십일조를 드렸고, 그들은 왜 십일조를 드렸는지 (또는 드리겠다고 약속했는지) 아래의 성경구절을 읽고 말씀해 보세요.

* 창 14:17-20

* 창 28:20-22

7. 십일조를 드릴 때는 어떤 마음으로 드려야 하는지 아래의 성경구절을 읽고 말씀해 보세요.

* 대상 29:14

* 고후 9:7

8. 십일조는 자신이 섬기는 교회를 통해 하나님께 드려야 합니다. 자기가 돕고
   싶은 기관이나 개인에게 직접 드리는 것은 왜 잘못일까요?

9. 물질을 드림으로 하나님께로부터 받은 복이나 누리게 된 기쁨이 있다면 말
   씀해 보세요.

6. 제사문제에 대하여

1. 우리나라 사람들에게는 제사가 신앙생활에 큰 걸림돌이 되는 것을 봅니다.
제사는 미풍양속인 것처럼 보이지만 사실은 우상숭배입니다. 성경은 제사에
대해 어떤 말씀을 하는지 고린도전서 10장 20절을 읽고 말씀해 보세요.

※ 성경에서 말하는 '귀신'은 죽은 사람의 혼령(ghost)이 아니라 사탄을 추종하는 악령
(demon)입니다. 사람의 영혼은 죽는 즉시 낙원(천국) 아니면 음부(지옥)로 갑니다
(눅 16:22-24, 23:42-43).

2. 제사 지내지 않는 것 때문에 기독교는 효를 모르는 종교로 오해받기도 합니다. 그러나 성경을 읽어보면 기독교만큼 효를 중시하는 종교도 없습니다. 성경은 효에 대해서 어떤 가르침을 주고 있는지 아래의 성경구절을 읽고 말씀해 보세요.

* 출 20:12

* 신 5:16

* 잠 19:26

* 잠 20:20

* 잠 30:17

* 엡 6:1-3

3. 제사음식에 대해서는 어떤 입장을 취해야 할까요? 아래의 성경구절을 읽고
말씀해 보세요.

* 행 15:29

* 고전 8:8-13

* 고전 10:23-28, 31-33

* 롬 14:1-3, 19-23

※ 하나님의 말씀은 계시의 점진성을 이해할 때 더 잘 이해할 수 있습니다. 계시의 점진
성이란 하나님의 계시는 시간이 갈수록 더 잘 드러난다는 것입니다. 제사음식에 대한
위의 말씀들도 계시의 점진성을 이해할 때 더 잘 이해할 수 있는데, 위의 구절들은 읽
은 순서대로 말씀되어졌습니다(행 15:29은 서기 49/50년, 고전 8장과 10장은
55/56년, 롬 14장은 57/58년에 계시된 하나님의 말씀입니다).

4. 믿지 않는 가족들과 제사음식을 함께 만드는 것은 어떨까요? 지금까지 배운 교훈과 원리를 근거로 말씀해 보세요.

5. 제사나 제사음식에 대해서 오늘 새롭게 배운 것이 있다면 말씀해 보세요.

7. 가정생활에 대하여

1. 오늘날 많은 가정들이 행복하지 못한 것을 봅니다. 가정들이 행복하지 못
   한 이유가 무엇일까요?

2. 가정이 행복하려면 사람을 만드시고 가정을 만드신 하나님의 말씀에 귀 기울일 필요가 있습니다. 가정의 행복을 위하여 하나님께서 남편과 아내에게 각각 주신 말씀이 무엇인지 에베소서 5장 22-33절을 읽고 말씀해 보세요.

성경은 남편과 아내의 관계를 그리스도와 교회의 관계로 설명합니다. 그리스도와 교회는 어떤 관계이며, 남편과 아내는 서로 어떻게 대해야 하는지 구체적으로 말씀해 보세요.

3. 결혼은 부모를 떠나 배우자와 한 육체(몸)가 되는 것을 의미합니다(엡 5:31). 부모를 떠난다는 말의 의미가 무엇일까요?

배우자와 한 육체(몸)가 된다는 말의 의미가 무엇일까요?

4. 아래의 성경구절은 아내와 남편에게 어떤 말씀을 하고 있습니까?

  * 벧전 3:1-2

  * 벧전 3:7

5. 당신이 결혼한 사람이라면 당신의 부부관계를 더 좋아지도록 하기 위해 당
   신이 힘써야 할 점은 무엇일까요?

6. 에베소서 6장 1-4절을 읽고 부모와 자녀에게 각각 주시는 교훈이 무엇인지
   말씀해 보세요.

   "주 안에서 순종하라"는 말의 의미가 무엇일까요?

   부모에게 순종하는 자녀에게 주신 약속은 무엇입니까?

   자녀는 부모가 어떻게 할 때 노여워할까요?

7. 당신은 부모로서, 또는 자녀로서 어떻게 하면 더 나은 부모, 자녀가 될 수
   있을까요?

8. 부부나 부모자식 관계에 있어서 제일 중요한 것은 서로 사랑하는 것입니다. 사랑이 무엇인지 고린도전서 13장 4-7절을 읽고 말씀해 보세요.

가정의 행복을 위하여 당신에게는 어떤 사랑의 요소가 더 필요한 것 같습니까?

9. 가정이 행복하려면 하나님의 도우심이 필요합니다(시 127:1-2). 하나님을 경외해야 합니다(시 128:1-4). 당신의 가정은 지금 영적으로 어떤 상태입니까?

8. 사회생활에 대하여

1. "그리스도 예수 안에서 경건하게 살고자 하는 자는 박해를 받으리라"(딤후 3:12)고 했습니다. 그리스도인으로서 사회생활을 하면서 겪은(또는 겪고 있는) 어려움이 있다면 말씀해 보세요.

2. 마태복음 5장 13-16절을 읽고 그리스도인은 사회에서 어떤 삶을 살아야 하는지 말씀해 보세요.

※ '말' 이란 곡식의 양을 재는 그릇이며, '등경'은 등불이 멀리 비치도록 등잔을 올려놓는 받침대입니다.

3. 아래의 구절들을 읽고 그리스도인 직장인들은 직장에서 어떻게 생활해야 하는지 말씀해 보세요.

* 엡 6:5-7

* 골 3:22-23

그렇게 해야 하는 이유가 무엇일까요?(골 3:24-25, 딤전 6:1)

상사가 믿는 사람이라면 어떻게 해야 할까요? 디모데전서 6장 2절을 읽고 말씀해 보세요.

4. 직장에서 상사의 위치에 있는 그리스도인은 자기 아래 직원을 어떻게 대해야 하는지 에베소서 6장 9절을 읽고 말씀해 보세요.

5. 그리스도인들이 사회생활을 하면서 겪는 어려움 중의 하나는 자신의 의도와 상관없이 술자리에 함께해야 할 때가 있다는 것입니다. 술자리에 함께해야 하는 상황에서 당신은 주로 어떻게 처신하십니까?

6. 술을 과하게 마셔서는 안 되지만 원활한 사회생활을 위해 적당히 마시는 것은 괜찮다고 생각하는 그리스도인들이 있습니다. 술 마시는 것에 대해서 성경은 어떤 말씀을 하는지 아래의 구절들을 읽고 말씀해 보세요.

* 엡 5:18

* 잠 20:1

* 잠 23:29-35

7. 다니엘서 1장 8-16절을 읽고 다니엘이 직면한 어려움은 무엇이었으며 그 어려움을 어떻게 극복했는지 말씀해 보세요.

다니엘로부터 당신이 배워야 할 점은 무엇입니까?

8. 요셉은 어린 나이에 종으로 팔려갔지만 하나님의 사람으로서 바른 생활을 했습니다. 그 결과 어떻게 되었는지 창세기 39장 1-5절을 읽고 말씀해 보세요.

9. 고린도전서 10장 31-33절은 사회생활을 하는 그리스도인들에게 귀한 교훈을 줍니다. 어떤 교훈을 주는지 읽고 말씀해 보세요.

9. 성령충만에 대하여

1. 구원받은 사람들에게는 성령님이 계십니다(롬 8:9, 고전 12:3). 성령님은 어떤 일을 하시는지 요한복음 14장 25-26을 읽고 말씀해 보세요.

※ '보혜사'는 위로자(Comforter), 돕는 자(Helper), 상담자(Counselor)라는 뜻입니다.

2. 성령님은 전도와 어떤 관계가 있는지 사도행전 1장 8절을 읽고 말씀해 보세요.

3. 성령님은 구원의 확신을 주시고, 말씀을 생각나게 하시고, 전도하게 하시는 일 외에도 어떤 일을 하시는지 아래의 성경구절을 읽고 말씀해 보세요.

   * 요 15:26

   * 요 16:7-8

   * 롬 8:26-27

4. 성령님은 3위 하나님의 한 분으로 인격을 가지고 계십니다. 그러므로 성령님은 믿는 자들 안에서 기뻐하시기도 하고 슬퍼하시기도 합니다. 에베소서 4장 30절에서는 "성령을 근심하게 하지 말라"고 했는데 성령님은 언제(어떤 경우에) 근심하실까요?

성령님이 우리 안에서 근심하시면 우리에게는 어떤 영향이 있을까요?

5. 하나님의 사람들은 육체의 욕망을 따라 살면 안 되고 성령을 따라 살아야 합니다(갈 5:16-17). 육체의 욕망을 따르는 삶과 성령을 따르는 삶은 어떻게 다를까요? 갈라디아서 5장 19-24절을 읽고 말씀해 보세요.

6. 그리스도인으로서 승리하는 삶을 살려면 성령으로 충만해야 합니다(엡 5:18). 성령으로 충만하다는 말의 의미가 무엇일까요?

어떻게 하면 성령으로 충만할 수 있을까요?

성령충만과 말씀충만은 어떤 관계가 있는지 에베소서 5장 18-19절과 골로새서 3장 16절을 비교해서 읽고 말씀해 보세요.

7. 데살로니가전서 5장 19절은 "성령을 소멸하지 말라"고 말씀합니다. 어떻게
   하는 것이 성령을 소멸하는 것일까요?

8. 당신은 요즘 성령충만한 생활을 하고 있습니까? 하고 있다면 비결이 무엇
   이며, 하고 있지 못하다면 이유가 무엇입니까?

10. 영혼 돌봄에 대하여

1. 하나님은 하나님의 자녀들이 서로 돌아보기를 원하십니다. 구체적으로 무엇을 어떻게 돌아봐야 하는지 아래의 성경구절을 읽고 말씀해 보세요.

* 히 10:24-25

* 히 3:13

2. 교회에 처음 출석한 사람들이나 영적으로 어린 사람들은 더 많은 관심과 돌봄이 필요합니다. 사도행전 9장 26-27절에는 박해자 사울이 그리스도인이 된 후에 바나바의 도움을 받아 예루살렘 교회에 정착하는 내용이 기록되어 있습니다. 바나바는 사울을 정착시키기 위해 구체적으로 어떤 일을 했을까요?

3. 바나바가 없었다면 우리가 알고 있는 사도 바울은 없었을 것입니다. 바나바는 바울(사울)을 위해 또 어떤 일을 했는지 사도행전 11장 25-26절을 읽고 말씀해 보세요.

4. 바나바는 예루살렘 교회의 성도로 있다가 안디옥 교회로 파송을 받고 목
   회자가 된 사람입니다(행 11:21-22). 바나바는 어떤 사람인지 아래의 성경구
   절을 읽고 말씀해 보세요.

   * 행 11:24a

   * 행 4:36-37

5. 바나바의 본명은 요셉이며 바나바는 사도들이 붙여준 이름입니다. 바나바
   는 '위로의 아들' '격려의 아들'이라는 뜻입니다(행 4:36). 사도들은 왜 그에
   게 그런 이름을 붙여주었을까요?

   당신은 교회 안에서 누군가로부터 위로나 격려를 받아본 적이 있습니까?
   어떤 상황에서 어떤 위로/격려를 받았는지 말씀해 보세요.

6. 당신의 주변에는 당신의 도움이 필요한 사람이 없을까요? 교회에 새로 나온 사람을 보았다면 당신은 어떻게 하시겠습니까? 어떤 도움을 그에게 주시겠습니까?

7. 누군가를 돌아보기 원하거나 누군가로부터 돌봄을 받기 원한다면 소그룹에 속하는 것이 좋습니다. 왜 그럴까요?

예루살렘 교회 성도들은 성전에서도 모였지만 집에서도 모였습니다(행 2:46, 5:42). 성전모임이 대그룹모임(공적인 예배)이라면 집에서의 모임은 소그룹모임(구역/셀/목장 모임)이라고 할 수 있습니다. 이 둘은 각각 어떤 장점이 있을까요?

8. 성경에는 '서로' 라는 말이 많이 나옵니다(히 10:24, 약 5:16a). 서로에게 무엇을 해주려면 소수의 사람들이 모인 소그룹 상황이 좋습니다. 당신은 지금 어떤 소그룹에 속해 있습니까?

소그룹을 통해서 어떤 유익을 얻고 있습니까?

9. 교회에서 당신이 특별히 돌봐야 할 사람이 있다면 누구입니까?

구체적으로 어떻게 돌볼 생각입니까?